LA PROPRIÉTÉ

LE TRAVAIL, LES TRAVAILLEURS

A LA GUADELOUPE

LA PROPRIÉTÉ

LE TRAVAIL

LES TRAVAILLEURS

À

LA GUADELOUPE

—◦◦◦—

PARIS

TYPOGRAPHIE MORRIS PÈRE ET FILS

64, RUE AMELOT

—

1879

LA PROPRIÉTÉ
LE TRAVAIL, LES TRAVAILLEURS
A LA GUADELOUPE

En 1848, le sol de la Guadeloupe appartenait, presque tout entier, à la grande propriété divisée en exploitations d'une étendue moyenne de cent cinquante hectares. La production sucrière de chaque habitation était peu considérable; quand elle s'élevait à 75,000 kilog., le propriétaire était très satisfait. Ces domaines, formant des espèces de majorats, étaient cultivés par environ 80,000 noirs, esclaves.

La condition de cette population, au point de vue moral et intellectuel, était mauvaise; il n'en était pas de même au point de vue matériel : elle était heureuse.

L'esclave devait cinq jours de travail par semaine; le maître donnait le logement, les soins aux malades, aux femmes en couche, la nourriture aux malades, aux infirmes, aux vieillards, et, en cas de disette, il venait au secours de tous : par des distributions de vivres.

Qu'avait donc l'esclave pour vivre? Son jardin, car chaque homme avait le droit de prendre, sur la propriété, autant de terre qu'il en pouvait cultiver pendant les deux jours de la semaine dont on lui laissait la disposition. Le revenu qu'il en tirait suffisait largement à son existence et lui permettait, en outre, de nourrir des volailles, des porcs, et même d'amasser un pécule devant servir à son rachat.

Tout esclave avait le droit de se racheter, quand il avait réuni la moitié de la somme nécessaire à son rachat, soit 5 à 600 francs ; il se présentait devant le juge de paix, qui, au moyen de fonds spécialement affectés à cet usage, lui complétait la somme à remettre au propriétaire, qui, de son côté, était tenu de signer sa manumission.

L'homme laborieux arrivait facilement à se racheter. On en trouve la preuve dans l'état de notre population, qui se décomposait ainsi : Environ 10,000 blancs, 80,000 esclaves, 45,000 noirs ou hommes de couleur libérés. On le voit, même sans l'émancipation, l'esclavage aurait fini par disparaître peu à peu, de lui-même. J'ai connu un noir qui, successivement, avait racheté, lui, sa femme, ses neuf enfants.

Le bien-être de l'esclavage s'augmentait encore par le droit qu'il avait de prendre sa part des fruits si abondants, si nourrissants, qui croissent sur toutes les propriétés ; de plus, en temps de récolte, c'est-à-dire pendant six mois, il lui était permis de consommer cannes, sucre et sirop, à discrétion. Quant à la culture des jardins concédés à l'esclave, elle était l'objet d'une surveillance incessante, et chaque samedi, un économe parcourait les champs des travailleurs afin de s'assurer de leur bon entretien. Le dimanche, travaillait qui voulait.

Quand l'esclave avait deux enfants, on lui concédait trois jours par semaine au lieu de deux. Quand il en avait cinq, il ne travaillait plus pour son maître, on lui laissait tout son temps pour l'entretien de sa nombreuse famille.

Les malades, nous l'avons dit, étaient mis dans une infirmerie, visitée deux fois par semaine par un médecin; en cas de maladie grave, les visites étaient journalières. Les médicaments, la nourriture, étaient distribués par une garde-malade, sous la direction de la maîtresse de la maison. C'était elle aussi qui s'occupait des femmes en couches, des nourrissons. Une surveillante gardait les petits enfants dont les parents allaient au travail.

Avant 1848, une population d'environ 80,000 âmes travaillait gratuitement cinq jours par semaine sur quelques centaines de propriétés. Les habitants pouvaient donc vivre largement, car ils n'avaient aucun salaire à payer. Tout le produit de leurs exploitations, déduction faite de l'entretien des bâtiments, des troupeaux, de l'emballage de la denrée, de la commission de vente, des soins et de la nourriture à donner aux vieillards, aux infirmes et aux malades, des distributions de vivres en cas de disette, eur composait de larges revenus. De cette facilité d'exis

tence il résultait que l'on exigeait très peu de l'esclave.
Le propriétaire avait-il de quoi bien vivre sans luxe
(chose inconnue alors), il n'en demandait pas davantage ;
cela devait durer toujours. La bonté du maître pour son
esclave, due à la simplicité de la vie créole, à l'insou-
ciance de l'avenir, à cette bonhomie proverbiale qui
avait fait surnommer nos colons les bonnes gens (1), est
presque incroyable pour qui ne l'a pas vue.

Avant 1848, les habitations de 100 à 150 hectares ne
donnaient pas plus de 50,000 à 75,000 kilog. de sucre. Les
mêmes propriétés, avec deux tiers de travailleurs en
moins, fournissent aujourd'hui 150,000 à 200,000 kilog.,
et cependant, les cultivateurs actuels sont libres; ils
connaissent leurs droits et savent les faire valoir. Cette
différence ne prouve nullement que le travail libre soit
plus productif, quoique plus cher, que le travail esclave ;
mais que jadis, le maître, pourvu qu'il eût quelques
facilités d'existence, ne demandait à ses hommes que la
somme d'efforts nécessaire pour maintenir son aisance
ordinaire. Aussi, plus le propriétaire avait d'esclaves,
moins il exigeait d'eux ; la servitude n'était guère que
chez ceux qui, ayant peu de bras, étaient forcés de réclamer beaucoup.

(1) Vieux dicton — les seigneurs de St-Domingue, les gen-
tils hommes de la Martinique, les bonnes gens de la Guadeloupe.

L'esclavage n'a jamais atteint ici, vu le peu d'étendue des exploitations du pays, l'extension qu'il a pu prendre ailleurs. Sur aucune propriété, la population n'a pu monter à ces chiffres exagérés qui font que le maître ignore non-seulement le nom, mais le nombre de ses hommes; d'où il suit, qu'il ne peut s'intéresser à eux, et est forcé de s'en rapporter à des tiers pour les conduire. Les ateliers n'ont jamais dépassé, à la Guadeloupe, ce chiffre moyen, qui permet au chef de connaître personnellement chacun de ses travailleurs et d'entrer en relations avec eux : chiffre cependant assez élevé pour que les exigences de travail ne puissent être excessives.

On le voit, sauf la tache qui doit justement flétrir l'esclavage, tache que l'on a tort de rejeter sur les colons, qu'on devrait plutôt imprimer sur la métropole, qui dans son intérêt commercial encourageait la traite par des primes, la servitude à la Guadeloupe n'a jamais été dure. Au point de vue matériel, l'esclave n'était pas malheureux; il l'était moins que le prolétaire d'Europe. Quant à la condition morale, elle était triste. Aussi l'émancipation a-t-elle été un acte de justice et d'humanité qui a produit le plus remarquable résultat. Notre population libérée est aujourd'hui, au bout de trente ans, plus heureuse matériellement, plus développée moralement, que les paysans d'Europe.

L'esclave n'avait pas de volonté. Devenu libre, il en a

une. Le prolétaire a-t-il une volonté? S'il la possède, n'est-elle pas viciée par des misères ignorées ici? L'esclave n'avait pas de famille constituée; maintenant, libre, il la possède! L'est-elle chez le prolétaire d'Europe? — Tout ce que je sais, c'est que l'avortement, l'infanticide, l'exposition des enfants, ont été choses inconnues aux Colonies. L'esclave croyait qu'après sa mort les distinctions sociales disparaissaient; qu'il lui avait été donné peu, et que, par conséquent, il lui serait demandé peu, et beaucoup rendu; qu'il lui serait tenu compte de son abnégation. Devenu libre, ses croyances n'ont pas changé. Le prolétaire *sait* qu'il n'a rien à espérer, que le ciel est vide, qu'il souffre inutilement! Lequel est le plus heureux?

———

Nous avons vu quelle était notre population avant 1848. Qu'est-elle devenue? Quel sera son avenir? Dans les colonies françaises des Antilles, cet avenir est assuré; la population, un moment diminuée, a repris son niveau et tend à augmenter. Son chiffre avait fortement baissé après l'émancipation: cela devait être. Une grande faute fut commise en 1848; l'émancipation fut brusquement proclamée, sans réglementation, sans précautions, sans prévisions d'aucune sorte. Ceux qu'on affranchissait n'étaient nullement instruits de leurs droits, de leurs devoirs nouveaux. Mettre en liberté, en une heure, par une simple proclamation, sans préparation, une population de 80,000 âmes, ne possédant pas un pouce de terre, ignorante de tout, dépourvue de toute prévoyance, habituée en tout à compter sur autrui, sans provisions, sans domicile assuré, c'était une aberration incompréhensible. L'esclave vieux, infirme, le nouveau-né... aucune mesure n'avait été prise pour les sauvegarder ! tous ces malheureux, qui étaient sous la protection de la maîtresse de la maison, qui les soignait avec affection... les séparer brusquement de cette tutelle obligée aurait été un crime, si ce n'avait été inconscient... c'était faire une large part à la mort ! Elle faucha à son aise ! Où étaient les manquants, on n'eût pu le dire. Ignorant leurs droits, leurs devoirs, ne sachant à qui s'adresser, ils enfouissaient leurs morts sur place. Des épidémies éclatèrent, la vaccination cessa, la variole décima les enfants, aucune déclaration de ces morts ne fut faite. Il en est résulté que, quoique depuis dix ans les naissances l'emportent sur les décès, la population noire a à peine repris son ancien niveau.

Les propriétaires firent tout ce qu'il purent pour rétablir l'ordre dans ce désordre. Tout les y poussait : l'humanité, leur intérêt.

Le premier usage que l'on fait d'une liberté brusque, c'est d'en abuser. Pour l'esclave, être libre, c'est ne pas travailler. Cela se conçoit. Il avait vu, jadis, que c'était la principale prérogative du propriétaire. Mais les temps étaient changés : il fallait vivre par soi-même, sans compter sur autrui. L'accord, la misère de part et d'autre poussant, était facile; on proposa aux cultivateurs de travailler comme par le passé, cinq jours par semaine, moyennant salaire ; on leur conservait, en outre, le logement, les soins médicaux, la jouissance du terrain qu'ils cultivaient jadis. C'est ce qu'offrirent les propriétaires les plus aisés.

Ceux qui n'avaient ni argent, ni crédit, adoptèrent une autre combinaison. Ils accordaient tous ces avantages, sauf le salaire, qui était remplacé par une part d'un tiers dans le revenu brut de la propriété. Ces conditions furent généralement acceptées; malheureusement, elles ne tinrent pas. On avait eu la singulière idée d'accorder à ces émancipés d'une heure tous les droits politiques : suffrage universel, nomination des conseillers municipaux, généraux, de représentants à l'Assemblée nationale. C'étaient autant de positions à acquérir, de places à conquérir, pour ceux qui sauraient capter la confiance de ces populations. Il était évident qu'ils porteraient leurs suffrages sur leurs anciens maîtres : il fallait donc rompre l'accord établi. Ce ne fut pas difficile : on évoqua le spectre de l'esclavage, leurs maîtres au pouvoir : c'était la servitude rétablie. . . . . .

. . . . . Ces manœuvres réussirent : la défiance devînt générale ; les accords se rompirent et le travail cessa ou devint très irrégulier. Les importations et exportations qui, en 1847, dépassaient 42 millions de francs, tombèrent à 19 millions. — Pour le sucre seulement, les récoltes s'abaissèrent de 35 millions, à 12 millions de de kilos. Mais les ambitions étaient satisfaites, des positions conquises !

Combien fut plus rationnelle la marche suivie par l'Angleterre et la Hollande ! L'esclave fut déclaré libre, mais on ne lui donna ni suffrage universel, ni représentant aux Chambres. L'émancipé dut s'engager, dans un délai fixé, moyennant salaire, avec un propriétaire à son choix. C'était ce qu'on nommait l'apprentissage, qui devait durer deux ou trois ans. Cette période transitoire devait habituer l'affranchi à travailler pour lui et le conduire sans secousses au droit commun.

La Russie a encore agi avec plus d'intelligence. Elle a émancipé ses serfs ; mais en même temps elle a attribué à chacun d'eux un lot de terre qu'elle a payé au propriétaire, sauf remboursement par l'émancipé à l'Etat, en termes annuels.

Ces faits ne sont nullement une récrimination contre le passé, mais il est nécessaire de rapprocher ces précédents, comme explication de l'état actuel du travail dans la Colonie.

Pour être juste, il ne faut pas s'en tenir au tableau des

misères produites par une émancipation trop hâtive, on doit reconnaître que cette façon brutale de faire cesser l'esclavage a produit un grand bien. Ce bien a été un développement intellectuel et moral forcé, rapide. Il a fallu qu'en une seule génération notre population apprît à avoir la volonté, la prévoyance, la dignité, à travailler sans contrainte, à constituer la famille, à connaître ses droits, ses devoirs.

Les peuples, en Europe, qui ont passé de l'esclavage au patronage, du patronage à la liberté, ont mis des centaines d'années à acquérir ces qualités dont nous venons de parler; aux Colonies, ce résultat a été acquis en trente ans. Il arrive des fois, que, sous l'influence de certaines circonstances bien rarement réunies, des peuples enjambent des siècles. Mais, pour que ces circonstances si exceptionnellement concordantes puissent amener ce résultat, il faut, qu'à côté des races sollicitées, poussées, forcées à ces brusques transformations, il y ait des guides; qui plus est, des éducateurs. La race blanche en contact continuel, obligé, avec la noire, a rempli cette fonction, elle a été son initiatrice.

Un fait très grave, qu'on ne doit pas perdre de vue si on veut le maintien et la continuation du progrès, la prospérité du pays, c'est qu'un résultat aussi rapidement acquis n'est pas une transformation profonde, mais toute superficielle : c'est une simple éducation.

Pour que le perfectionnement intellectuel et moral si grand, si soudain, si brusquement obtenu, persiste, il faut que les causes qui l'ont amené persistent aussi et pour cela, il est nécessaire que la bonne intelligence, l'harmonie, subsistent entre les diverses races.

Pour qu'une modification morale et intellectuelle passe à l'état d'acquisition définitive, permanente, il est indispensable qu'elle soit fixée par de longues générations continuant l'œuvre commencée ; alors, après des siècles elle devient héréditaire. Il faut pour cela, la répétition, l'accumulation, la persistance de l'action des agents modificateurs. Ce n'est que par une suite d'individus recevant toujours les mêmes influences, les accumulant, se les transmettant, que lentement, successivement, l'organisation cérébrale se transforme et fixe les résultats acquis qui deviennent alors des caractères de race.

Si l'influence de l'initiateur vient à cesser, ce qui est acquis par une génération est perdu à la suivante.

Un philosophe anglais a dit : « la vie d'un homme est la continuation de la vie de ses parents et chaque être possède, à l'état latent et condensé, pour ainsi dire, en son individu, les caractères de ses ancêtres. » C'est cet état latent qu'il faut détruire, empêcher de reparaître ; ce sont ces caractères qu'il faut effacer par l'éducation, non d'un individu, mais des individus se succédant dans le temps ; sans quoi, l'atavisme vient rapidement détruire tout ce qui a été obtenu. Ce n'est pas l'affaire d'un jour, mais d'une succession de siècles, que d'amener, par la modification intellectuelle, des modifications cérébrales assez profondes pour que les caractères ainsi obtenus soient définitivement établis et fixés.

Ces faits sont maintenant admis par tous les savants; les preuves à l'appui abondent; elles ont été recueillies de toutes parts. Combien d'observations faites par les éleveurs sur les animaux, par les philosophes et les naturalistes sur l'homme, les confirment! combien d'exemples d'individus arrachés à une civilisation inférieure, menés en Europe, recevant une bonne éducation sont devenus des hommes distingués? revenus dans leur pays, la nature première reprenait rapidement le dessus, et, en peu d'années, ils étaient retombés dans la même infériorité que leurs congénères!

Aussi, est-on douloureusement surpris, du rêve que font certains esprits étroits, de l'expulsion, impossible, de la race blanche des Antilles. — A l'aide d'une espèce de doctrine Monroë à leur usage, ils disent: les Antilles aux Africains! N'est-ce pas une preuve de la profonde ignorance de l'histoire et de l'ethnologie de la part de ceux qui soutiennent cette thèse, et combien ils seraient effrayés, si perçant l'avenir, ils pouvaient seulement entrevoir le résultat auquel ils aboutiraient.

Si au contraire on laisse aller les choses comme elles

vont, si on reconnaît qu'aux Antilles, toutes les races ont le droit et le devoir de vivre en parfaite harmonie, un large avenir est réservé à notre Colonie.

L'accord, du reste, est facile ; la race noire a pour elle le nombre ; c'est-à-dire la force ! que peut-elle avoir à redouter de quelques blancs épars dans l'île ? comment peut-on rêver l'oppression devant une telle disproportion d'éléments ? si elle était à craindre, elle ne pourrait venir que de la race prépondérante : la noire. Il y a place sur notre sol, pour tous, sans que personne soit gêné.

Vivons donc fraternellement entre nous. Chacun a sa fonction. Les races Européennes sont incapables de cultiver notre sol ; leur constitution s'y oppose. Les races noires d'Asie et d'Afrique y sont propres. L'intérêt général, en face des immensités de terres en friches, est que l'élément agricole augmente. Cet intérêt se traduit par l'immigration africaine et indienne que tous les propriétaires demandent à grands cris.

Cette demande générale devrait ouvrir les yeux aux plus aveugles. La race blanche veut opprimer la noire et elle réclame l'augmentation du chiffre de cette dernière qui est déjà par rapport à la blanche dans la proportion de dix-sept contre un !

Nous venons de voir ce qu'étaient la propriété et la population agricole avant 1848. Quels sont les changements survenus ?

Qu'était-ce d'abord, que ce chiffre de 80,000 âmes attachées à l'agriculture ? Ne doit-on pas en déduire les enfants, les vieillards, les infirmes et le nombreux personnel attaché à la domesticité ?

Indiquer le nombre exact des vrais cultivateurs, serait difilcile, vu l'absence de documents sérieux. Il est cependant un fait sur lequel on peut se baser pour obtenir une approximation suffisante ; c'est la comparaison de la population d'un certain nombre d'habitations avec leur produit ; par cette méthode, nous trouvons que chaque homme au travail produit environ 500 kilos de sucre ; ce qui donnerait, en rapprochant ce chiffre de celui de nos exportations, environ 66,000 bras attachés au travail de la canne. Quant aux autres cultures, elles employaient peu de monde, vu leur faible extension — peut-être mille à deux mille individus.

L émancipation de 1848, en libérant l'homme, émancipa la terre. Les propriétés, qui étaient indivisibles, purent être morcelées : elles le furent en partie.

Tous ces hommes eurent l'ambition de posséder une terre, leur désir a été satisfait ; et il n'est peut-être aucun pays où la petite propriété soit devenue aussi touffue qu'ici !

Comment ce fait s'est-il produit ? où ces hommes ont-ils pu prendre de quoi acquérir ce sol, et comment sont-ils devenus presque tous petits propriétaires ? C'est ce que nous allons exposer. Mais avant, jetons un coup d'œil sur l'état actuel de notre territoire.

Beaucoup de grandes propriétés ont été morcelées en une multitude de petits domaines. En même temps que ce démembrement s'opérait, un fait, d'une nature précisément inverse, se produisait. Beaucoup de grandes propriétés se réunissaient en une seule main pour former de vastes exploitations. D'où le résultat suivant : établissement d'une foule de petites métairies et agrandissement considérable des anciennes grandes habitations, et, par suite, forte diminution du nombre des anciens grands propriétaires.

La cause de ces mutations est facile à expliquer : le terrain n'a ici de valeur qu'autant qu'il est mis en culture. On a beau posséder cent, deux cents hectares de terre, francs de toute hypothèque, s'ils ne sont point cultivés, on ne trouvera pas un sou à emprunter sur ce fonds. Ce sont ces propriétés, n'ayant pas de charges, presque sans valeur, qui ont été morcelées en totalité, ou en partie, et ont formé, par leur démembrement, la petite propriété. A côté se trouvaient d'autres habitaions hypothéquées, sans crédit également, leur vente par parcelles aurait été impossible, les frais en auraient absorbé la valeur. Elles ont été achetées par les voisins plus aisés qui ont ainsi largement accru leurs propriétés et ont constitué ces grandes exploitations dont nous venons de parler. Ainsi donc : à mesure ⸗ certains domaines s'émiettaient, d'autres s'agra⸗ ⸗saient. Ces annexions étaient nécessitées par les be⸗ ⸗ns des industriels sucriers, forcés, pour soutenir leur travail, consistant à fabriquer des cannes, d'acquérir les fonds expropriés, pour les mettre en valeur eux-mêmes, et assurer ainsi l'alimentation de leurs usines. — Autrefois, les grandes propriétés ne dépassaient guère cent à cent cinquante hectares ; il est maintenant de grandes exploitations de six cents à deux mille hectares, divisées en fermes, correspondant à peu près, pour leur contenance, aux anciennes habitations qui les ont formées par leur réunion.

Examinons maintenant le mode de formation et d'acquisition de la petite propriété.

L'émancipé fut vite en état d'acheter une terre, malgré toutes les suggestions tendant à opposer le cultivateur à son ancien maître, il dut travailler, quoique son travail fut irrégulier, car il fallait vivre ; et cependant, en travaillant peu et irrégulièrement il put amasser, vu les conditions faciles établies entre lui et l'employeur, de quoi acheter un morceau de terre. — Le prix de l'hectare varie de 250 à 500 francs, suivant la situation bien plus que suivant la fertilité. Avec la vie facile des cultivateurs et les aliments à vil prix que procure notre climat, l'épargne est aisée et on a bien vite amassé de quoi acheter son coin de terre. Ce n'est pas tout : une foule de facilités étaient données à l'acquéreur. — Outre les nombreuses annuités de payement accordées par les propriétaires, certains autres ne demandaient pas d'argent, mais faisaient, avec celui qui voulait acheter, une des conventions suivantes : l'acquéreur plantera la terre ; la récolte faite, une portion du produit, fixée d'avance, restera au vendeur à valoir sur ce qui lui est dû. Ou bien, le prix du sol est estimé en journées de travail et l'acquéreur donne au vendeur un nombre de journées équivalant à la valeur du sol.

Ce qui a rendu la formation de la petite propriété encore plus facile, c'est l'existence d'une coutume peu connue et qui n'a pas été signalée. Il n'y a pas ici de communaux, mais il y a quelque chose de mieux et qui y ressemble singulièrement. C'est, non le droit, mais la tolérance de libre pâture sur toute terre non cultivée. Il n'y a pas un habitant qui empêche ses cultivateurs, ses employés, de posséder du bétail et de le laisser paître dans ses bois et savanes, la même liberté est accordée aux petits voisins, tous peuvent couper des herbes

dans ces champs, il leur est permis en temps de récolte
de ramasser du plant à canne pour engraisser leurs
porcs, de la paille pour couvrir leurs cases et les abris
pour leurs animaux. En outre, comme les cultures sont
de telle nature que la volaille ne leur fait aucun tort,
on la laisse vaguer librement dans les plantations. Il
n'y a guère de propriété qui n'ait en bois ou savane, le
tiers de sa superficie, nul n'empêche d'y faire des fa-
gots, du charbon, d'y couper des gaulettes, même des
bois de construction ; tous peuvent y ramasser les fruits
abondants qui y croissent spontanément; les pierres
à bâtir, le tuf, le sable... sont à qui veut les prendre ;
et tous usent largement de ces facilités. Aussi, il n'y a
pas un cultivateur qui n'ait ses volailles, ses cochons;
beaucoup, même les immigrants, ont des vaches, des
juments; cela ne leur coûte aucun frais de nourriture
et vit sur l'espèce de communal dit : grande propriété.
Il y a peu de temps, nommé expert pour estimer une
habitation, je dus retrancher du cheptel, quinze bêtes
à cornes appartenant aux cultivateurs; l'habitant devait
en outre à ceux-ci environ quinze cents francs, pour
animaux achetés en leurs mains. En général ce bétail
paît à la corde. Mais, sur bien des propriétés, le travailleur ne se donne même pas la peine d'attacher sa bête.
Il mêle ses bestiaux à ceux du propriétaire, ils sont
ainsi gardés gratuitement. Cependant, en général, dans ce

cas, les pasteurs de l'habitation exigent une légère rétri-
bution, qui ne dépasse pas cinquante centimes par mois
— ce n'est pas tout »en temps de récolte, tout travailleur
a le droit de manger aux champs tout ce qu'il peut
consommer sur place de cannes; en sortant du travail,
il peut en outre emporter une canne de deux à trois
mètres de longueur, sans compter le plant qu'il enlève,
pour la nourriture de ses animaux. Avec les ressources
que nous venons d'énumérer, avec le produit du morceau de terre concédé qu'ils cultivent, avec ce qu'ils
retirent de la vente de leurs volailles, de leurs porcs,
de leur lait, de leurs élèves en gros bétail... les cultivateurs ont donc des ressources excédantes auxquelles ils
peuvent joindre l'intégralité de leur salaire. Voilà bien
plus qu'il ne faut pour acquérir de la terre.

On voit quelle facilité a trouvée la petite propriété à
se constituer. Aussi, tous les cultivateurs un peu laborieux, sont-ils maintenant établis sur un sol et dans une
demeure leur appartenant.

La grande et la petite propriété ainsi constituées se
sont trouvées immédiatement dans les meilleurs rapports.
Ceux qui détiennent la première sont en général des
industriels qui ne cultivent qu'une plante : la canne à
sucre. Il leur faut des cannes, toujours des cannes.
Comme ils ont en outre à nourrir une grande population
agricole d'immigrants, dont le salaire se paye, partie en

argent, partie en vivres, ils ont besoin de légumes pour fournir les rations de leurs hommes. La petite propriété a travaillé de manière à donner satisfaction à ces deux demandes. Elle a consacré une partie de ses terres à produire la canne qu'elle vend aux industriels ; l'autre, à faire de la culture maraîchère Une portion sert à sa nourriture, l'autre est achetée par l'industriel. Le petit propriétaire trouve encore un avantage précieux dans l'existence de la grande propriété. Celle-ci est toujours à court de bras. Quand il fait sec ; quand son champ est propre, le cultivateur va trouver l'habitant et lui offre ses journées de travail, qui sont toujours acceptées et bien payées.

C'est cette multiplicité de petites propriétés qui est la cause de la pénurie des bras sur les grandes exploitations et dans les fabriques, qui est la cause déterminante de l'introduction de bras étrangers pour la culture. Presque tout le monde ici possédant sa terre, il est évident que chacun préfère la soigner que d'aller travai'ler celle d'autrui. Cette préférence est légitime, se conçoit fort bien ; aussi a-t-on peine à s'expliquer ces personnes qui au lieu de voir cette cause si claire, si évidente de la rareté de la main-d'œuvre sur la grande propriété, ont été en chercher d'imaginaires.

Suivant les uns, l'absence du travail indigène tient à l'indolence, disons le mot, à la paresse de nos populations. Suivant d'autres, au découragement produit sur nos travailleurs, par l'introduction de bras étrangers.

Faut-il faire remarquer la contradiction qui existe entre ces deux explications aussi erronées l'une que l'autre ? D'un côté, notre population est si paresseuse qu'il faudrait la contraindre au travail ! De l'autre elle est laborieuse, ne demande qu'à louer ses bras ; on la dégoûte par la concurrence de bras étrangers !

Ces deux explications se détruisent, et laissent ressortir dans son évidence la seule cause réelle de la pénurie des travailleurs pour la grande culture ; savoir, que presque tout le monde étant propriétaire, chacun réserve son travail pour soi.

Notre population est paresseuse ! La preuve de la fausseté de cette allégation ressort de ce que le plus grand nombre des cultivateurs par leur travail, leur économie, sont devenus petits propriétaires. Une autre preuve, c'est que leurs petits domaines sont bien soignés et fournissent non-seulement un aliment considérable de denrées à manufacturer aux fabriques, mais encore donnent à leurs possesseurs assez de denrées pour vivre et même un excédant à vendre. Cette idée de l'indolence coloniale a du reste sa raison d'être. L'Européen, sous notre climat, sent ses forces, son énergie, son activité, diminuer, et il applique à tort cette observation juste pour une certaine race d'hommes à des populations faites, constituées en vue des pays chauds. Le noir, loin de s'énerver aux Antilles, s'y développe dans toute sa force. Cette soi-disant paresse de notre population a été attribuée par d'autres à l'esclavage. L'homme, dit-on, qui a été soumis au travail forcé, regarde toute occupation manuelle comme servile ; il y voit un symbole de l'ancien état de choses et il en a horreur—observation incomplète encore ! Ce raisonnement, en partie vrai pour les générations anciennes, ne l'est plus pour les nouvelles ; le travail a été réhabilité quand les affranchis ont vu leurs anciens maîtres, avec une énergie dont personne ne les aurait cru capables, mettre eux-mêmes la main à l'œuvre, s'occuper des besognes les plus pénibles, en un mot, déployer autant et plus d'activité que leurs anciens cultivateurs.

Une troisième cause de la croyance à notre énervement par le climat, c'est la lecture par ceux qui de France étudient les colonies, des documents qui les concernent. Prenons ces documents ; nous verrons en effet que notre production, si on la compare au nombre de nos travailleurs, est misérable — donc, il y a paresse ! Nous y lisons : Population employée à la culture, 83,371 âmes ! Ce n'est pas tout ; la statistique veut bien nous dire en quelle qualité ces bras sont attachés à l'agriculture : 25,961 sont engagés sur les propriétés pour plus d'un an, 57,410 sont engagés pour moins d'un an ou travaillent à la journée. Evidemment ces 83,371 individus sont des travailleurs effectifs. Les infirmes, les vieillards, les petits enfants, ne s'engagent ni à l'an, ni au mois, ni à la journée. Que produisent ces 83,371 personnes actives? Prenons notre plus forte récolte : elle s'élève à 48,000,000 kilog. de sucre, plus une certaine quantité de café, rocou, cacao, coton. Si ces documents étaient exacts, un tel résultat serait pitoyable et donnerait grandement raison à ceux qui parlent de notre paresse. Heureusement ces chiffres quoique officiels, sont des chiffres de fantaisie.— Voici la vérité : un hectare de terre cultivé en canne donne 2,500 kilog. de sucre en moyenne aux fabriques ordinaires. Si donc nous divisons 48,000,000 de kilog. par 2,500 nous trouvons qu'il faut 19,200 hectares de terre pour produire cette quantité de sucre. Ce chiffre même est trop élevé; car 2,500 kilog. de sucre c'est ce que le cultivateur retire d'un hectare; mais comme la plus grande quantité des cannes est vendue à des industriels, et que ceux-ci, avec un outillage perfectionné, en retirent environ 4,500 kilog., on ne peut calculer le rendement moyen à moins de 3,500 kilog.; c'est donc par ce chiffre qu'il faut diviser 48,000,000 pour obtenir le nombre d'hectares consacrés à la culture de la canne : cela donne 15,000. On doit ajouter à ce nombre environ 3,000 hectares de terres en préparation pour la récolte prochaine.

18,000 hectares, voilà donc, au maximum, la quantité de terre consacrée à la culture de la canne, notre principal, presque notre unique produit.

Les documents officiels nous apprennent que sur les 83,371 cultivateurs 48,200 sont consacrés à la culture de la canne ; soit deux hommes deux tiers par hectare. Que coûte le travail d'un homme par an ? (Car la canne exige un an de travail pour arriver à maturité) Cinq cents francs. A ce prix, quelle serait la dépense qu'exigerait la culture d'un hectare en cannes, en main-d'œuvre seulement 1,333
La fumure coûte 300
—————
1,633

A cela il faudrait ajouter : l'entretien des troupeaux, des bâtiments, du matériel, la surveillance ; nous ne comptons pas les frais de fabrication, nous supposons que l'habitant, comme cela a lieu le plus souvent, vend ses cannes à un industriel. — Que rapportera cet hectare ? en moyenne 2,500 kilog. de sucre à 40 fr., soit 1,000 fr. — Nous dépenserions donc plus de 1,700 francs par hectare pour récolter 1,000 francs. — Quelle conséquence tirer de ces calculs ? Que les énonciations officielles sont erronées.

Passons-nous aux habitations caféières, nous verrons,

documents officiels en mains, que 5,000 bras y sont employés et que cette culture occupe une superficie de 913 hectares. C'est l'emploi de cinq hommes et demi par hectare ! Or, tout le monde sait cependant, que la culture du café exige beaucoup moins de bras que celle de la canne. Que produisons-nous en café? 300,000 kilog., chaque hectare fournit donc environ 300 kilog. de café, qui, à 2 francs, donnent 600 francs; la main-d'œuvre seule pour obtenir ce produit serait de 2,750 francs. — Perte par hectare cultivé en café, 2,150 francs.

Que dire du cotonnier? 618 hectares cultivés par 540 personnes, fournissent 10,000 kilog. Cela fait environ 16 kilog. de coton produits par un homme que l'on paye 500 francs.

Nous n'entrerons pas dans une plus longue démonstration de la valeur de nos documents officiels et de l'intérêt qu'ils méritent.

Comment donc arriver à déterminer le chiffre de notre population agricole? — Tous les habitants savent que la culture de la canne exige un homme par hectare et non deux hommes et demi. Or, nous avons vu qu'il y a 15,000 hectares plantés en cannes; il s'en suit qu'il y a 15,000 bras consacrés à cette culture. Le café, le cacao, le coton, le rocou en emploient environ un millier ou deux. Ce chiffre de 16,000 doit être porté à environ 20,000 par l'addition des hommes qui s'emploient plus ou moins régulièrement à la journée, dans les fabriques et sur les habitations. Il y a ici une apparente contradiction ; nous avons plus de 20,000 immigrants dans la Colonie, à ce taux il n'y aurait pas un seul journalier créole ! C'est que sur ces 20,000 immigrants il faut retrancher 6 à 7,000, car toujours leur faiblesse, la maladie, la fatigue, les soins d'acclimatement en enlèvent un bon tiers à la culture.

Mais où donc est la population du pays ? Les villes et bourgs renferment au moins 35,000 âmes ; la plus grande partie de la population est établie à la campagne, possède de la terre, est petit propriétaire, en un mot vit chez elle de son travail et du produit de son sol, et par conséquent ne loue pas ses bras ou du moins rarement et par occasion. Le reste s'emploie comme domestiques, journaliers, manœuvres, ouvriers, se livre à la pêche... On le voit, les bras sont rares ; mais il ne faut attribuer ce manque de cultivateurs qu'au morcellement infini de la propriété et non à la paresse.

Que l'on parcoure nos grandes routes, on sera effrayé de la quantité de terres en friche qu'on rencontre et que fertiliserait l'introduction des bras. Sur les propriétés les mieux cultivées, il y a des terres non utilisées ; aucune partie, de celles qui sont travaillées, ne l'est convenablement, le peu de cultivateurs que l'on possède est toujours employé au travail le plus pressé qui ne peut jamais être complètement achevé ; qu'on me passe l'expression, c'est do la culture au galop. — Citons dans cet ordre de faits le résultat du travail de l'année dernière, tous les bras, sans exception, de janvier à fin juillet, ont été uniquement employés à couper, à transporter, à fabriquer la récolte. Pendant ces sept mois, on n'avait pu ni sarcler, ni labourer, ni planter, ni fumer; aussi a-t-il fallu, dès août, s'occuper de nettoyer toutes les plantations envahies par les herbes, et les fumures qui, en général, sont terminées en juillet, no le furent qu'en novembre. La canne demande à être fumée 12 mois avant la coupe. — Il résulta de ces retards apportés à l'entretien des cultures, que malgré la beauté du temps, exceptionnellement favorable à la pousse des cannes, la récolte de 1879 fut médiocre; tandis que, si la plante avait pu être entretenue et fumée en temps opportun, elle aurait atteint cette année un chiffre de production auquel jamais la Colonie n'était parvenue.

Nous avons dit plus haut que le travail des habitants du pays représentait six à sept mille bras effectifs. Il est fourni, soit par les journaliers, soit par les petits propriétaires. Ces derniers, quand le temps est sec, ou que leurs champs sont propres, donnent quelques journées sur les grandes propriétés voisines. On ne peut compter sur un travail régulier de leur part, car ils n'offrent leurs bras que lorsqu'ils n'ont rien à faire chez eux. Bien des planteurs se sont laissé aller, à la vue de ces vigoureux travailleurs, au danger d'étendre outre mesure leurs cultures, mais, la pluie arrive-t-elle, ces hommes s'en retournent sur leurs propriétés, qui les réclament. Tant pis pour celui qui, comptant sur ce regain de travail, a trop entrepris; plus d'un champ labouré, prêt à recevoir du plant, ne peut être utilisé et est envahi par les herbes. Quant aux journaliers proprement dits, ce sont les fantaisistes du travail; du reste, les meilleurs enfants du monde, vrais philosophes pratiques une fois qu'ils ont gagné la nourriture de quelques jours; ils vivent, c'est-à-dire, se reposent.

Autant le petit propriétaire est actif, laborieux, économe, autant le vrai journalier aime ses aises; ce qui ne l'empêche pas de donner quand il le veut, mais par caprice, un rude coup de collier. Rien de beau comme de voir ces hommes travailler, quand une bonne *chanterelle* se trouve dans l'atelier et a lancé son improvisation drolatique, qui, presque toujours, est une satyre plus ou moins épicée sur le propriétaire. La houe effondre le sol, le sabre voltige et abat la canne en mesure... mais cela dure le temps... de la chanson.

Les salaires des hommes à la journée se règlent toutes les quinzaines; le samedi de la seconde semaine on fait la paye, le lundi suivant personne n'est au travail, le mardi quelques-uns arrivent. le mercredi un peu plus... le samedi tous sont absents. Pendant la deuxième semaine, les rangs se garnissent et les six jours de travail sont à peu près régulièrement fournis du lundi au samedi, à moins qu'il n'y ait quelque fête de corporation, quelque messe ou quelque enterrement. Le jeudi est le jour où il y a le moins d'absents. En supposant que, dans le nombre de journées fournis, 'e jeudi soit représenté par cent, on peut chiffrer comme suit, d'après les relevés que j'ai faits sur un grand nombre d'habitations, le travail d'une semaine :

Jeudi........	100
Mercredi	96
Vendredi. ,...	93
Mardi........	87
Samedi	60
Lundi........	58

Le lundi et le samedi donnent à peu près la demi-somme de travail. Le samedi et le lundi de la première semaine il y a chômage; ces mêmes jours de la deuxième semaine sont assez régulièrement fournis.

Voici un tableau comparatif des journées fournies chaque semaine, relevé également sur diverses habitations :

1re semaine,	9 journées,	2me semaine,	105 journées.
—	69 —	—	175 —
—	60 —	—	128 —
—	176 —	—	244 —
—	60 —	--	94 —
—	30 —	—	142 .--
—	63 —	—	122 —
—	69 —	—	175 —
—	126 —	—	281 —
	662		1,466

Total de la première semaine, 662 journées.

Total de la deuxième semaine, 1,466 journées.

C'est surtout dans les fabriques qui n'emploient guère que des journaliers que ces irrégularités sont nuisibles. Le lundi qui suit les jours de paye, souvent des quarts entiers manquent. Il faudrait arrêter la marche, si le vendeur de cannes, qui est forcé d'écouler ses produits, ne venait au secours de l'industriel en lui prêtant quelques bras qui permettent de continuer à peu près la fabrication. C'est de mauvaise grâce que se font ces prêts, auxquels se refuserait l'habitant, s'il n'y était obligé.

Certains propriétaires ont essayé de combattre cette irrégularité en accordant une prime à tout travailleur qui fournirait douze journées de travail en deux semaines. Cette innovation n'a pas réussi.

Tous ces faits ne sont-ils pas la preuve, sans autre raisonnement, que les bras font défaut? Malgré l'introduction de 20,000 immigrants; malgré les faveurs accordées aux 6 ou 7,000 travailleurs indigènes; que de terres en friches, que de propriétés incomplètement cultivées, que de fabriques chômant viennent démontrer la nécessité d'une immigration plus considérable.

La concurrence des bras étrangers n'est donc pour rien dans le peu de travail que nous donnent les indigènes. Ils sont occupés chez eux, pour la plupart, et on ne comprendrait pas qu'ils délaissassent leurs champs, pour se louer sur les grandes exploitations. Les journaliers n'ont rien à souffrir non plus de cette concurrence, car, pour un fort salaire, c'est à peine s'ils donnent la moitié de leur temps, et nous avons démontré que s'ils voulaient travailler, ils ne tarderaient pas à devenir petits propriétaires. Mais, entrons plus avant dans la question. L'indigène est, dit-on, découragé, rebuté par la concurrence des immigrants. Il n'y paraît guère, d'après les tableaux et renseignements qui précèdent. Veut-on cependant d'autres arguments? Avant l'introduction de ces étrangers, le salaire était de 0,50 c. par jour; à mesure que le nombre des Indiens et Africains introduits a augmenté, le taux du salaire a monté successivement de

0,50 à 1 fr. et à 1 fr. 50. En 1878, on a doublé le contingent d'immigrants annuellement introduits, et en 1879
le salaire s'est élevé immédiatement à 1 fr. 75, et dans
certains endroits à 2 francs!! Donc, plus le nombre des
immigrants a augmenté, plus le salaire s'est élevé. Cela
se conçoit : mieux le sol est cultivé, plus son produit augmente, pour une même surface, et plus on peut rému-
nérer la main-d'œuvre.

Bien d'autres faits démontrent combien est imaginaire
cette prétendue concurrence des bras étrangers. En effet,
tout le monde accepte les cultivateurs du pays, en
quelque nombre qu'ils se présentent. Ils sont si indis-
pensables, si recherchés, que le travailleur ne va pas
même s'offrir. Quand il veut donner quelques journées
à un propriétaire, il se présente simplement, le matin, au
champ, muni de sa houe et de son sabre et prend rang
dans l'atelier, certain qu'il est d'être accepté avec plai-
sir. Sans observation aucune, le surveillant prend son
nom et tout est dit; aucun débat pour le prix; pour le
nombre d'heures à fournir. C'est qu'il sait d'avance que,
quelle que soit sa valeur, il est tellement indispensable,
qu'on ne marchandera pas avec lui, qu'il sera payé au
même taux, au même prix, que les autres. Le défaut de
concurrence a résolu ici le problème tant cherché par
M. Louis Blanc, l'égalité des salaires, quelle que soit la
force, quelle que soit la capacité. Il en résulte un incon-

vénient grave : c'est que le travail de tous se règle sur celui du plus lent de la bande; la somme de travail que ce dernier fournit est la mesure de celle que les autres donnent. Mais il y a une telle pénurie de bras qu'il faut accepter cet état de choses.

On s'est efforcé d'y remédier en essayant le travail à la tâche : on n'a pas réussi. Les plus laborieux, leur besogne finie, s'en allaient, les autres les suivaient et avaient la prétention, ayant travaillé le même temps, d'avoir gagné leur journée, quoiqu'ils n'eussent pas terminé leur travail. Il a fallu accepter leurs prétentions pour les conserver, sans quoi, ils ne seraient pas revenus. Combien d'heures de travail fournit-on pour ce salaire de 1 fr. 75 ? Le journalier arrive à sept heures et demi, s'en va à trois heures et demi; il reste donc huit heures au champ, sur lesquelles il prend au moins un repos d'une heure. En définitive sept heures de travail : voilà le maximum.

Tout homme impartial, qui verra nos cultures imparfaites, la masse de terre en friche, même sur les domaines les mieux cultivés, qui observera que les propriétaires emploient, sans en dédaigner aucun, tous les bras indigènes, quelle que soit leur valeur et en quelque nombre qu'ils se présentent, ne se dira-t-il pas évidemment, si on en prend pas davantage, puisqu'il y a avantage à les employer, c'est qu'on n'en trouve pas. N'est-il pas de toute évidence que, s'il y a bénéfice à louer un nombre donné de bras, ce bénéfice serait encore plus grand à en employer davantage, puisque le travail en aucun temps ne manque jamais?

En outre, les journaliers préfèrent le travail des fabriques à celui des champs, parce qu'il a lieu à l'ombre et est mieux payé. Eh bien, là encore, il y a disette de bras, quoiqu'il n'y ait pas, pour ces travaux, concurrence d'étrangers. Remarquons que ces fabriques appartiennent, en général, aux propriétaires les plus aisés, c'est-à-dire à ceux qui pourraient plus facilement se procurer des immigrants; pourquoi donc emploient-ils de préférence l'élément indigène? Cela prouverait au moins qu'ils ne le repoussent pas! La vérité est que, lorsqu'on peut se le procurer, on aime mieux le natif que l'étranger. Cette préférence pour le travailleur du pays est générale et elle est facile à comprendre pour ce lui qui connaît les ennuis, les tracas, les peines, que causent l'immigration. L'indigène est fort, robuste, sa journée payée, il s'en va content, il ne vous doit plus rien, vous ne lui devez plus rien. L'Indien est grêle, chétif, maladif, toujours en réclamations et en plaintes; il coûte fort cher à faire venir; une ois introduit, il faut des mois, des fois des années, pour l'acclimater; sur un atelier coolie, il y a toujours un tiers absent du travail pour faiblesse, fatigue, maladie. Ce tiers doit être soigné, nourri, médicamenté avec sollicitude; il faut en outre s'occuper des femmes en couches, du gardiénage et de l'alimentation des jeunes enfants, dont les parents sont au travail ou à l'infirmerie ; il faut toujours être approvisionné d'avance de vivres pour les distributions journalières, de médicaments pour les malades ; une longue et fastidieuse comptabilité est imposée aux employeurs, qui doivent en outre subir les visites des syndics et commissaires protecteurs des immigrants, qui viennent vérifier leurs livres et s'assurer s'ils tiennent à leurs engagements envers ces hommes. — N'est-il pas évident, que si on se soumet à toutes ces sujétions, c'est qu'on y est obligé par le besoin que l'on a de ces bras étrangers ?

La rareté de la main-d'œuvre indigène va en augmentant tous les jours. Avec ce salaire minimum de 1 fr. 75, avec les facilités indiquées plus haut données aux cultivateurs, tous les jours, des ouvriers, malgré leur peu d'économie, mettent de côté ce qui leur faut pour acheter une terre. Déjà même, beaucoup d'immigrants, qui ont fini leur temps, s'établissent comme boutiquiers et achètent de petites propriétés. Le mouvement de dépopulation des terres consacrées à la grande culture s'accroît donc et les étrangers, qui arrivent, suffisent à peine pour combler les vides. Certes, on doit approuver cet amour de la propriété chez notre population ; mais puisque maintenant elle est presque tout entière assise, et qu'il reste les neuf dixièmes de notre sol en friches, ne pas appeler à le cultiver d'autres bras serait absurde. Le salaire payé aux cultivateurs est large et même hors de proportion avec notre produit. Le revenu du propriétaire sucrier est très faible, il est même nul, pour peu que le prix de la denrée baisse; en 1875, 1876, 1879, il a laissé de la perte, le prix du sucre étant avili. Il n'y a donc plus moyen d'augmenter le salaire, à moins que l'accroissement de bras étrangers ne permette de mieux cultiver et par suite de produire davantage sur une même surface.

Quelle différence entre la condition de l'ouvrier européen et celle de celui des colonies? Le premier travaille pour gagner à peine de quoi vivre ; le second acquiert dans sa journée de quoi vivre et de quoi acheter à bref délai une propriété; aussi, la misère proprement dite n'existe-t-elle pas ici. Veut-on avoir une idée du pauvre dans nos pays? l'extrait des deux lettres suivantes édifiera.

Monsieur... je suis dans la dernière misère et viens solliciter de vous un secours. Ma détresse est si grande que, hier et aujourd'hui, j'ai dû prendre mon café sans sucre... Remarquons qu'ici le café n'est pas pris comme aliment, mais qu'il est bu au point du jour, comme réveil-matin.

— Monsieur.... je suis malade, le docteur X. m'a déclaré qu'il me fallait un bon appartement, des filets de bœuf, du vin vieux, avec de l'eau d'Orezza à mes repas, plus un verre de vin de Bugeaud après le déjeuner et le dîner.... Je viens vous demander en conséquence de m'envoyer de quoi accomplir cette ordonnance.

Il est évident que du vin ordinaire et de l'eau ferrée, qui coûtent peu, auraient aussi bien guéri cet homme que le somptueux traitement indiqué. Le docteur X. était innocent de la précédente prescription, mais comme cet individu, qui était un peu anémié, avait vu ce traitement suivi par une personne riche, il pensait naturellement pouvoir se l'appliquer.

Veut-on maintenant se rendre compte de l'existence d'un journalier agricole ? Allons le matin dans sa case ; autour picorent des volailles, des cochons grognent dans un enclos fait avec des bois coupés sur l'habitation, couvert avec de la paille prise sur l'habitation, à un piquet est attaché une vache, le plus souvent avec son petit ; entrons : une fillette vous souhaite la bienvenue, un marmot dort dans un coin, un chien à oreilles et robe de chacal ne se dérange même pas pour aboyer, il a trop à faire à regarder la marmite qui bout, une table en bois blanc porte cinq à six tasses, une bouteille de sirop et une de tafia.

« Bonjour, ma fille ; où sont tes parents ?

— A ramasser du manger à cochons et à tirer le lait.

— Que fais-tu là ?

— Le café pour papa, maman, mes frères.

— Alors ils vont rentrer?

— Oui, et quand ils auront bu, ils iront travailler.

— Et toi?

— Oh! j'ai à faire le chocolat pour neuf heures, puis il faudra que j'aille le porter au *jardin*.

— Après ça tu iras t'amuser?

— Oh non! il y a le dîner pour midi.

— Qu'as-tu de bon à leur donner?

— Du lard, des pois, de la morue, des ignames. Et puis ce n'est pas tout: il y a le punch à l'acajou pour deux heures.

— Mais il n'y a plus d'acajou?

— Oh oui! mais dans la saison, j'ai fait trois dame-jeannes de sirop d'acajou avec ses fruits. Le soir vers huit heures, il y aura encore le dîner, suivi du coup de tafia traditionnel, le tout terminé par un bon nombre de pipes fumées.

Ce que j'écris paraîtra puéril à certaines personnes; mais je crois que pour tout esprit sérieux ce tableau peindra mieux la condition matérielle de nos populations ouvrières que tous les récits qu'on pourrait faire. Familier de ces demeures, cent fois j'ai assisté à ces spectacles d'intérieur.

On voit maintenant ce qu'est cette population que l'on représente comme paresseuse ou comme dégoûtée par une concurence qui l'empêche de vivre. Elle est aisée, bien vêtue, se nourrissant bien, et s'occupant peu de cette concurrence dont on veut lui faire un épouvantail. — Voilà la vérité. Il devient évident pour tous actuellement, que l'immigration n'a pas nui au travail indigène. J'ajouterai : elle a relevé la Colonie qui serait morte sans elle. Sous son influence, la production du sucre, qui était tombée en 1850 à 12,000,000 de kilos a quadruplé.

Ce qui veut dire, que nos importations et nos exportations ont quadruplé, que le nombre des navires fréquentant nos ports a suivi la même progression, les salaires ont également augmenté. Une production quatre fois plus grande, représente quatre fois plus d'argent. Où va cet argent? A la main-d'œuvre. Où se dépense la rémunération de cette main-d'œuvre? Chez les marchands des villes et bourgs, dont le nombre a augmenté ainsi que les bénéfices. Ces résultats sont dus à ces travailleurs étrangers qui, en outre consomment, les produits excédants de la petite propriété, qui sans eux ne trouveraient pas preneurs. Tout esprit impartial verra donc clairement, dès à présent, quel bien immense a produit l'introduction des travailleurs africains et indiens. Leur renvoi ramènerait une misère plus grande encore qu'auparavant; car presque toute notre population, étant maintenant établie chez elle possède et travaille pour elle. Supprimer l'immigration, c'est ruiner la grande propriété, c'est en même temps arrêter ce grand mouvement d'importation et d'exportation qui s'est produit et tend à se développer de jour en jour; c'est aussi porter atteinte à la petite propriété qui ne trouverait plus de débouchés pour ses produits, en vivres du pays et en bétail, et qui, le grand propriétaire ruiné, ne saurait plus que faire de ses cannes.

Ce ne sont pas, remarquons-le, les cultivateurs et les petits propriétaires qui réclament contre l'introduction des travailleurs étrangers. Ceux, qui attaquent l'immigration sont ceux qui n'ont aucun intérêt immédiat dans le pays. — D'où vient la guerre déclarée à cette institution? Nous le dirons plus loin; en attendant, constatons que la population du pays vit dans les meilleurs termes avec ces étrangers. Pourquoi en serait-il autrement? puisque les indigènes savent que l'introduction de ces bras a été en réalité un bienfait pour eux, qu'elle a été pour ainsi dire la consécration et le signe réel de leur émancipation. Cette vérité, je l'ai exposée plusieurs fois; je m'étonne qu'elle ne soit pas plus connue. Il faut donc encore remonter au passé.

Lorsque l'émancipation fut proclamée; un fait facile à prévoir se produisit : l'abandon du travail. Ce mot en effet était sinonyme de servitude. Mais peu à peu, comme il fallait vivre, les bras revinrent à l'agriculture, lentement, il est vrai, et irrégulièrement. Ce retour, qui sans doute se serait progressivement continué, fut brusquement arrêté. Nous l'avons dit, il y avait des gens intéressés à empêcher le bon accord entre les diverses classes de la population. Leurs menées amenèrent l'abandon du travail et par suite un décroissement considérable de notre production. Les importations et les exportations qui s'élevaient en 1847 à plus de 42 millions de francs tombèrent brutalement en 1848 à 19 millions de francs et cependant la manumission avait eu lieu en 1848 et il n'y avait qu'à enlever et fabriquer la récolte déjà mûre. Une plainte générale s'éleva en France, les négociants ne recevaient plus de remises de leurs débiteurs des Antilles, ils ne trouvaient plus à écouler leurs produits, les navires sans frêt restaient dans les ports. Le gouvernement s'émut et chargea les administrations coloniales de trouver le moyen de repeupler les plantations désertées. C'est à la suite de cette invitation, que l'administration de la Guadeloupe promulgua un code du travail, dit : Arrêté du 2 décembre. C'était non un retour à l'esclavage, mais au travail obligatoire.

Que disait en effet cet arrêté?

Tout individu doit se munir d'un engagement de travail chez un propriétaire rural ; il doit se pourvoir d'un livret constatant son assiduité ; il doit être porteur d'un passe-port à l'intérieur; ce passe-port doit être présenté à

toute réquisition ; nulle pièce, nulle déclaration officielle,
ne peuvent être délivrées ou acceptées sans la présenta-
tion du passe-port ; son absence est une contravention et
entraîne l'arrestation, au moins provisoire ; cependant il
ne sera délivré que sur une quittance du percepteur
constatant que celui qui la réclame a payé tous ses impôts et prestations: donc n'avoir pas payé ses contribu-
tions entraînait l'arrestation. — Tout manquement de
travail d'une journée entraîne la restitution d'une journée
gratuite à titre de dommages et intérê*" ; trois journées
d'absence co.stituent une contravention. Tout individu
possesseur . une terre ne peut employer à la cultiver
qu'un nombre de bras déterminé, proportionné à l'étendue de son domaine ; ceux, qu'on trouvera en plus, seront
contraints d'aller s'engager ailleurs ; un père de famille
n'a droit de garder chez lui que le nombre des siens strictement indispensable ; il doit engager ailleurs, ceux que
l'on juge excéder ses besoins de culture. Un cultivateur
employé sur une propriété, n'en peut sortir qu'en préve-
nant un mois d'avance ; ce mois expiré, s'il n'a pas fourni
dans son courant vingt-six jours de travail, il doit continuer à résider sur la propriété jusqu'à ce qu'il ait complété
ce nombre. Tout cultivateur qui a reçu des avances n'a
droit à les rembourser qu'en travail....

Le but de cet arrêté, dont je ne fais qu'indiquer les
principales dispositions, était de refouler la population

sur les habitations. C'était ce qu'on appelait par euphémisme : l'immigration à l'intérieur. De nombreuses condamnations eurent lieu et ramenèrent un certain nombre de bras; mais elles établirent une foule d'individus en vagabondage régulier. A quel prix obtint-on un peu de travail? en empêchant la constitution de la famille et de la petite propriété, en produisant des déplacements considérables de population. Comme l'application de l'arrêté était laissée à l'initiative des maires, des commissaires de police, son exécution avait lieu avec plus ou moins de discernement, de rigueur, suivant les localités. Les cultivateurs fuyaient les communes où l'on en observait strictement les dispositions, pour s'établir dans celles où on les appliquait avec indulgence et mollesse.

Les tracas de cette législation n'épargnaient pas non plus les propriétaires, qui, dans bien des cas, étaient rendus responsables de l'inexécution. Aussi, cet arrêté était insupportable à tous, même aux habitants, qui ne s'y soumettaient qu'avec répugnance, quoiqu'ils y trouvassent le seul moyen de conserver quelques bras. Ils avaient assez de l'esclavage ancien ; cette nouvelle servitude dissimulée, avec ses tracasseries, leur répugnait encore plus; aussi, dès qu'on vit la possibilité de remplacer le travail, fait à coups d'amende et de prison, par l'immigration indienne et africaine, l'opposition fut générale. Les immigrants arrivés, les dispositions de l'arrêté tombèrent; le passe-port, le livret disparurent, chacun fut libre de travailler où et comme il l'entendrait. Ceux qui avaient un hectare de terre, sûrs d'y résider tranquilles, y réunirent leurs familles dispersées et cultivèrent leurs fonds avec soin ; ceux qui n'en avaient pas, voyant la possibilité d'acquérir et de jouir en sécurité, se mirent à travailler et à économiser. La petite propriété fut constituée, la famille avec elle.

On le voit, l'immigration du dehors a tué la servitude dissimulée sous le nom d'immigration à l'intérieur, elle a tranquillisé notre population rurale sur son émancipation, elle l'a réellement affranchie, en lui rendant la liberté de travailler, de posséder, ce qu'un arrêté lui avait enlevé.

Il semblerait que voilà une question épuisée, que la conclusion à tirer de ces faits est que l'immigration a rendu les plus grands services, sans encourir un reproche ; par conséquent, qu'il est nécessaire de la continuer, de l'encourager, de l'augmenter. Nous sommes loin de compte. Quand *on veut détruire* Carthage, on n'est jamais à bout de raisons. Il est vrai que plus tard Carthage fut rétablie et que Rome, loin d'en souffrir, en profita. Notons que ce fut *un ami du peuple*, Caïus Gracchus, qui eut la gloire de cette restauration. Les adversaires de l'immigration sont de plusieurs sortes : les ambitieux, les honnêtes gens, les patriotes à fibres trop sensibles.

Aux ambitieux, rien à dire ! on ne lutte pas contre le

parti pris, il faut conquérir des places, des positions…
Pour les obtenir avec le suffrage universel, il faut capter
la confiance des populations. Comment faire? Prouver
qu'on est leur ami, leur sauveur… Déjà sans eux toutes
les libertés auraient été reprises! sans eux l'esclavage
serait rétabli! Ces vieux clichés, un peu usés, n'ayant plus
grande valeur, on est forcé de donner autre chose; on
inventera que, l'immigrant mine le pays, empêche
l'élévation des salaires, accumule mille désastres sur
notre Colonie; il s'agit de le rendre odieux et, par là, d'at-
teindre dans son intérêt le petit nombre qui possède.

Les honnêtes gens, tenus dans l'erreur par de faux
renseignements, sont maintenant, j'en suis sûr, ramenés
en grande partie. Je dis en grande partie, parce que les
honnêtes gens sont de diverses sortes : les entêtés, qui
ne reviennent jamais sur leur idées, comme Vertôt; leur
siège fait, ils n'en démordent pas; les ignorants, qui ne
lisent, ni ne réfléchissent, et restent pétrifiés dans les
idées qu'on leur a une fois inculquées; les philantro-
pes, la plupart anciens abolitionistes, toute leur vie
a été consacrée à une idée : l'émancipation de la race
noire; ils ont largement contribué à l'amener. Leur
œuvre achevée, plus complète, nous l'avons vu, qu'ils
n'auraient osé l'espérer, éloignés qu'ils sont de notre
pays, mal renseignés, et souvent avec préméditation, par
leur correspondant, ils continuent à être hantés par ce

qui a été le fantôme de toute leur vie : une race d’opprimés et une race d’oppresseurs. Cette dernière, mécon-
tente, jalouse, rêvant une revanche à laquelle personne
ne peut songer. Je suis sûr que ces hommes honorables
seront éclairés quand ils auront lu ces lignes; s’ils ne le
sont pas, qu’ils fassent un petit voyage aux Colonies et je
ne doute pas de leur conversion. En dernière ligne viennent les protectionnistes : ce sont les monomanes du
genre! ils protègent toujours et quand même, sembla-
bles à ces vieilles gens, qui ont élevé des enfants et qui,
étonnés de ne plus les voir, devenus grands, prêter une
oreille attentive aux contes dont ils les berçaient, se retournent vers d’autres, parce qu’ils ne peuvent se passer
de redire leur légende; n’ayant plus de noirs à protéger,
ils protégeront les immigrants malgré eux. C’est dans
l’intérêt de l’immigrant qu’ils demandent la suppression
de l’immigration. Ils ne voient donc pas que s’ils réussis-
saient, ils seraient les premiers punis; n’ayant plus qui
protéger, leur existence resterait sans but, leur carrière
serait terminée.

Quant à ceux qui ne veulent pas de l’immigration par
patriotisme, ils sont peu nombreux. Je conçois le sentiment qui les anime, mais ne puis m’empêcher de trouver qu’ils exagèrent le sentiment de susceptibilité nationale. Ils repoussent cette institution, non en elle-
même, mais parce qu’elle se fait sous la protection du

gouvernement anglais et que cette protection suit l'immigrant jusque dans les pays français. Ce sentiment de dignité est honorable, mais est-il juste? En quoi la France est-elle humiliée parce que l'Angleterre lui dit : Vous voulez recruter des travailleurs qui sont sujets anglais, et sur un territoire anglais ; soit, je favoriserai même ce recrutement, mais à la condition que je pourrai le surveiller et m'assurer que ces hommes sont bien traités et que les contrats qu'on passe avec eux sont loyalement exécutés. C'est une question d'humanité : on ne s'humilie pas en l'acceptant.

Nous avons réfuté tous les griefs formulés contre l'immigration ; il a fallu en soulever d'autres : ces hommes sont maltraités, opprimés aux colonies !

De ce qu'une institution présente des abus, s'en suit-il qu'il faille la détruire? Ce serait illogique, le bon sens répond : réformez ces abus, s'il est vrai qu'ils existent. L'intérêt et l'humanité exigent que ces hommes, qui viennent fertiliser notre sol, soient protégés; mais il reste à savoir, si ces reproches d'oppressions, de mauvais traitements sont fondés.

Disons d'abord, que devant ces reproches de mauvais traitement, l'objection basée sur le froissement de la dignité nationale tombe. L'Angleterre n'oserait donc souffler mot devant l'oppression de ses nationaux ! Parcourons les statistiques judiciaires, on verra que si quelques actes de violence ont pu être commis sur ces hommes, ils ont été réprimés sévèrement, et qu'ils ne sont pas, en somme, plus fréquents que ceux commis entre les autres classes de la population. On verra même que les sévices d'immigrants sur immigrants sont bien plus communs que ceux des indigènes sur ces étrangers. Je sais qu'on va me répondre : Vous avez raison ; mais l'Indien n'ose se plaindre, et bien des faits sont ignorés. D'où les connaissez-vous donc ces faits? Qu'on parcoure les recueils des plaintes portées par ces hommes, et l'on s'assurera qu'ils ne se font pas faute de réclamer. L'on verra même qu'il y a ici certaines personnes dont la principale occupation est de les exciter à le faire. L'immigrant, dans tout pays, de quelque race qu'il soit, est toujours porté à récriminer à tort et à travers et contre tous. Mais quand il faut venir à la preuve, il est le plus souvent convaincu de mensonge. Cette tendance à tromper, à porter plainte, n'est-elle pas motivée par la législation même qui les protège, qui leur offre trop de facilités à cet égard. En effet, comme on le verra plus loin, l'immigrant est ici sous la direction d'un personnel qui non seulement reçoit, mais encore, va audevant de ses réclamations et les sollicite. On dira peut-être qu'on néglige de faire droits à ses griefs; n'est-ce pas porter une accusation contre la magistrature, contre les commissaires et les syndics-protecteurs, contre l'administration coloniale, et surtout contre le consul anglais, tous chargés de la protection de ces étrangers.

On le voit : toutes ces objections ne sont pas sérieuses.

Avant d'aller plus loin, voyons quel est l'état des populations indiennes chez elles. Le coolie dans son pays est misérable, c'est un véritable esclave, maltraité par les maîtres, exploité par toute la hiérarchie indienne, il travaille sous le rotin du mestry, sans même gagner une nourriture suffisante. A chaque instant cette population de 200,000,000 d'âmes est décimée par la famine. Il y a peu d'années dans la seule province d'Oricza, onze millions d'hommes mouraient de faim, peu après, le gouvernement anglais votait une somme de cent cinquante millions pour secourir les affamés du Bengale. Il y a deux ans le gouvernement de la Guadeloupe écrivait à son correspondant de Calcutta : Pourriez-vous nous envoyer un supplément de mille bras? La réponse fut : En voulez-vous vingt mille? les populations se pressent à l'agence, elles n'ont qu'une alternative : émigrer ou mourir! Et voilà des hommes que, *par humanité,* on veut empêcher d'aller vivre ailleurs. L'ignorance de ceux qui touchent à ces questions est leur seule excuse, chercher d'autres causes à leur opposition serait une atroce calomnie.

Les coolies arrivés ici, se trouvent-ils malheureux?

Dans les premiers temps le recrutement dans l'Inde était difficile; ces hommes reculaient devant l'inconnu,

4

maintenant qu'un certain nombre d'entr'eux est retourné au pays, ils ont pu savoir, de source certaine, que c'était le bien-être qui les attendait ici, de sorte que maintenant tous aspirent à y venir. C'est pour eux une terre promise. Ainsi l'immigrant, qui, on le sait, au bout de cinq ans de travail, a droit à son rapatriement *gratuit*, en profite-t-il rarement. Les premiers arrivés sont retournés dans l'Inde, cela se conçoit : peu nombreux, isolés, perdus au milieu d'une population étrangère à leurs mœurs, à leurs coutumes, à leur langue... ils se sentaient dépaysés, maintenant, au contraire, qu'ils sont nombreux, le rapatriement est devenu exceptionnel; car ils se sentent chez eux. Ils préfèrent résider dans un pays libre que s'en retourner.

Beaucoup s'établissent; les uns se font boutiquiers, d'autres achètent des terres, plusieurs ont loué des fermes, qu'ils exploitent avec les bras de leurs compatriotes, qui ont fini leur engagement. Ceci prouve au moins que: s'ils sont opprimés, leur oppression est bien plus douce que celle à laquelle ils étaient soumis chez eux. Pour que des hommes qui ont droit au rapatriement *gratuit*, dans les meilleures conditions de bien-être, de sécurité, y renoncent, il faut que la condition à laquelle ils son soumis soit bien supérieure à celle qu'ils retrouveraient chez eux. On n'oublie pas ainsi : le sol natal, le village, les parents, les voisins, les amis... si des causes profondes ne viennent agir! Ces causes sont un bien-être inespéré, une vie facile, un respect pour l'homme, et une liberté dont jamais ils n'avaient eu une idée. Ils ont goûté le fruit délicieux du *Lotos* et ont oublié la patrie! Ajoutons d'autres preuves, et montrons, documents officiels à l'appui quels soins, quelle sollicitude, quelle surveillance entourent ces étrangers. C'est à rendre jaloux les indigènes qui jouissent du droit commun!

Le 1er juillet 1861, une convention a été signée entre la France et la Grande-Bretagne au sujet de l'immigration. Cette convention a donc près de vingt ans de durée. Elle se termine ainsi, remarquons-le :

Art. 26. La présente convention commencera à courir, à partir du 1er juillet 1862, sa durée est fixée à *trois ans et demi*. Elle restera en vigueur si elle n'est dénoncée dans le courant de juillet de la troisième année et ne pourra plus être dénoncée que dans le courant du mois de juillet de chacune des années suivantes... néanmoins, le gouverneur de l'Inde aura la faculté de la suspendre en tout temps, dans le cas où *il aurait lieu de croire* que dans cette colonie les mesures convenables n'ont pas été prises pour la protection des immigrants, immédiatement après leur arrivée, ou pendant le temps qu'ils y ont passé, soit pour leur retour en sûreté dans l'Inde, soit pour les pourvoir du passage de retour à l'époque à laquelle ils y auront droit.

Ainsi donc, ce traité pouvait être dénoncé au bout de

trois ans et demi, cette époque arrivée, il peut l'être chaque année... il ne l'a jamais été. Cela prouve que l'Angleterre a toujours trouvé ses sujets humainement et loyalement traités et que le gouverneur de l'Inde n'a pas eu *même lieu de croire* qu'ils fussent maltraités, pense-t-on qu'ils soient mauvais juges en cette matière? Ces autorités ont reçu cependant, de nombreuses dénonciations relatives au traitement deleurs nationaux ; elles ont fait ce que l'honnêteté ordonnait, elles ont fait des enquêtes et ont reconnu que ces dénonciations étaient calomnieuses.

Examinons la convention en elle-même, afin d'étaler le luxe de précaution dont la France et la Grande-Bretagne ont entouré l'immigrant, pour assurer sa sécurité et son bien-être.

Art. 2. — Le gouvernement français confiera, dans chaque centre de recrutement, la direction des opérations à un agent de son choix. Cet agent devra être agréé par le gouvernement britannique. Cet agent sera assimilé quant au droit de l'accorder ou de le retenir à l'Exéquatur donné aux agents consulaires.

On le voit, ce n'est pas un courtier, un marchand, qui est chargé de la direction du recrutement, c'est un agent assimilé aux consuls, choisi, non par les intéressés, mais par le gouvernement français et qui doit être agréé par le gouvernement anglais. Il ne s'agit donc pas d'opération commerciale.

ART. 3. — Le recrutement sera fait conformément aux règlements établis pour le recrutement des travailleurs à destination des colonies britanniques.

ART. 5. — Le gouvernement anglais, désignera, dans les ports britanniques où aura lieu l'embarquement des immigrants, un agent spécialement chargé de tous leurs intérêts. Le même soin sera confié dans les ports français, à l'agent consulaire britannique.

Art. 6. — Aucun immigrant ne pourra être embarqué sans que les agents... aient été mis à même de s'assurer s'il est sujet britannique et s'il est librement engagé, qu'il a parfaite connaissance du contrat qu'il passe, du lieu de sa destination, de la durée probable du voyage et des divers avantages attachés à son engagement.

L'art. 8. ..... Décide : que les contrats porteront que... l'engagement terminé le rapatriement reste *à la charge du gouvernement français*. Qu'ils fixeront les conditions moyennant lesquelles l'engagé peut y renoncer, le nombre d'heures et de jours de travail, les gages, rations, salaires et tous avantages promis à l'immigrant, le droit à l'assistance médicale gratuite...

L'art. 9 déclare que la durée du contrat, ne peut

oxcéder cinq ans; qu'au bout de ces cinq ans l'immigrant a droit au rapatriement *gratuit* à la charge de l'administration française. Que ce temps écoulé, s'il veut se rengager, il aura droit à une prime et conservera *toujours* son droit au rapatriement, que ce droit s'étend à *sa femme* et à *ses enfants* ayant quitté l'Inde avant l'âge de dix ans et *aux enfants nés dans la Colonie.*

L'art. 11 stipule que, dans les ports britanniques, les dispositions pour le départ des immigrants seront conformes à celles prescrites pour les colonies britanniques. Que, dans les ports français, l'agent français devra remettre au consul anglais la liste des immigrants, avec tous les renseignements, lui soumettre les contrats et même lui en laisser copie.

L'art 12 établit, que tout immigrant, au dépôt où il attend le navire, sera libre de sortir pour communiquer avec l'agent britannique. Que de leur côté, ces agents pourront pénétrer, à leur volonté, dans ces dépôts.

L'art. 13 fixe l'époque des départs. Ils ne pourront avoir lieu que du 1ᵉʳ août au 15 mars; c'est-à-dire dans la belle saison.

L'art. 14 décide que chaque navire aura à bord un médecin et un interprète (ces chirurgiens sont nommés par le ministre de la marine et choisis parmi les hommes les plus distingués du corps de santé). Que les capitaines de ces navires seront tenus de se charger de toutes dépêches de l'agent britannique pour l'agent de sa nationalité, au port d'arrivée.

L'art. 15 pose les conditions que doivent remplir les navires porteurs d'immigrants. L'entrepont devra avoir au moins 1^m65 de hauteur, chaque homme aura droit à 2 mètres cubes d'emplacement. Un hopital sera établi à bord. Le local destiné aux femmes et aux enfants sera séparé de celui des hommes.

L'art. 16 détermine le contingent de femmes que devra porter chaque convoi.

L'art. 17 décide que l'agent britannique a droit d'inspection des navires porteurs.

L'art. 19 spécifie qu'aussitôt le navire arrivé, on remettra au consul britannique ses dépêches, que cet agent communiquera avec les immigrants, avant leur répartition, afin de recevoir leurs plaintes, s'il y a lieu.

L'art. 20 donne aux immigrants le droit d'invoquer, dans les colonies françaises, l'assistance des agents britanniques, sans qu'aucun obstacle puisse les empêcher de communiquer avec lui.

Par l'article 21, aucun immigrant ne peut être séparé

de sa femme ni de ses enfants. Une fois engagé il ne peut, sans son consentement, changer d'employeur.

Les infirmes et incapables de travail ont droit au rapatriement gratuit...

On le voit : toutes les précautions ont été prises pour assurer le bien-être, la sécurité de l'immigrant, depuis le jour de son engagement dans l'Inde jusqu'à celui de son arrivée dans la Colonie.

Ce luxe de précautions, arrêtées de concert entre le gouvernement anglais et le gouvernement français, n'a pas suffi. Le gouvernement français et l'administration coloniale ont jugé nécessaire, dans un but d'humanité, d'y ajouter encore.

Le décret du 27 mars 1852 fixe la ration à bord des navires.

L'arrêté du 16 novembre 1855 établit les conditions de logement, la nature, la quantité de nourriture, les vêtements, le nombre de jours et d'heures de travail, les outils à fournir; décide que les syndics nommés par l'arrêté du 27 mars 1852 iront ainsi que les commissaires de l'immigration sur les propriétés, afin de s'assurer de l'exécution loyale des contrats. Il spécifie, en outre, que le commissaire de l'immigration pourra réclamer d'office la résiliation des engagements, lorsque les conditions d'hygiène et celles sous lesquelles l'engagement aura été contracté, ne seront pas observés. Il établit : qu'un convoi arrivé, les immigrants sont gardés trois jours au dépôt, sous la surveillance de deux médecins, qui doivent vérifier leur état, envoyer les malades à l'hospice, vacciner ceux qui ne le sont pas. Le consul britannique èt le commissaire de l'immigration doivent, en outre, se transporter au dépôt avant la répartition du convoi, afin de recevoir les plaintes, s'il y en à à formuler, sur le régime suivi dans la traversée.

Les immigrants repartis, les syndics doivent visiter régulièrement les habitations, relever et contrôler les journées fournies. La cinquième année terminée, ces agents doivent se faire présenter les carnets des immigrants, les comparer à leurs livres, à ceux du propriétaire, à l'effet de connaître ceux qui ont droit au rapatriement. Ils doivent prévenir individuellement chaque homme lorsqu'il y a droit. Le navire prêt, ils doivent encore les aviser individuellement du jour du départ.

Avant de prendre charge, le navire sera visité par une commission spéciale qui s'assurera si tout est conforme aux règlements sur la matière, si les vivres, médicaments, effets de couchage sont en suffisante quantité et réglementaires...

Nous avons dit que lorsque l'immigrant avait fini son

temps il avait droit, en cas de rengagement, à certains avantages; ils sont déterminés par les arrêtés. Tout rengagement donne lieu à deux primes, l'une de 194 fr. 50, l'autre de 50 francs, payées par la Colonie à l'engagé; en outre, l'engagiste lui compte une somme variant de 200 à 250 francs. L'individu qui se rengage ainsi conserve *toujours* son droit au rapatriement *gratuit*. Ces contrats sont passés devant le maire et le syndic de l'immigration, dont le devoir est de bien faire comprendre à l'Indien les avantages de son nouveau traité et de ne passer ce traité qu'après avoir donné au contractant le temps de la réflexion.

Afin de faciliter l'acclimatement de ces hommes, un arrêté du 21 mars 1859 établit que le maximum d'immigrants concédés à chaque habitation, ne dépassera pas 10 hommes par convoi,

L'arrêté du 24 septembre 1869 exclut des listes d'inscription pour les immigrants, tout propriétaire qui aura exercé des sévices contre eux, ou aura manqué à ses engagements à leur égard. L'arrêté du 21 février 1861 décide que le commissaire de l'immigration et les syndics doivent diriger les immigrants en tout ce qui touche l'exercice de leurs droits judiciaires, et établit que ceux-ci ont droit au bénéfice de l'assistance judiciaire.

La dépêche ministérielle du 31 mai 1861 s'occupe des

actes de décès, des successions de ces étrangers, et sauvegarde les intérèts de leurs ayant droit.

Un autre arrèté décide que la Banque devra prendre gratuitement leur argent en dépôt.

L'arrêté du 6 juin 1861 proscrit toutes stipulations contraires au contrat, sauf celle qui consisterait à augmenter le taux du salaire. Il établit que l'engagiste ne peut, même du consentement de l'engagé, remplacer le logement, la nourriture, les soins médicaux, par d'autres avantages.

Le décret du 14 Juin 1861, règle les conditions du mariage de ces hommes dans la Colonie.

L'arrêté du 16 janvier 1877 ordonne que, toute habitation, ayant des travailleurs étrangers, sera pourvue d'une infirmerie: que tout propriétaire employant au moins dix immigrants sera tenu à un abonnement avec un médecin.

Le décret du 16 juillet 1878, prescrit aux notaires de se faire assister d'un interprète quand ils auront à faire des actes dans lesquels les immigrants seront intéressés.

Le décret du 27 mars 1852, pour mieux assurer la protection de ces hommes, établit un syndicat protecteur spécial pour eux, dans chaque arrondissement, composé comme suit : le Procureur de la République, un avoué désigné par la Cour, un conseiller municipal désigné par le gouverneur, un interprète. Ce syndicat a pour office de diriger les immigrants en tout ce qui concerne leurs droits et peut ester en justice dans leur intérêt.

Je ne cite que les décrets et arrêtés qui me reviennent en mémoire ; il y en a bien d'autres.

1° Agents britanniques dans l'Inde.

2° Agents du Gouvernement français.

3° Tribunaux ordinaires.

4° Commissaires de l'immigration et syndics.

5° Syndicat spécial protecteur.

6° Consul anglais dans la Colonie.

Voilà ceux à qui l'Indien, s'il est lésé, peut s'adresser. L'habitant du pays, moins favorisé, moins protégé, n'a que le droit commun.

Je croyais en avoir fini avec toutes les objections faites contre l'immigration, il n'en est rien. Poussés à bout, ses adversaires viennent d'en soulever une nouvelle. La grande propriété profite seule de cette institution, or l'immigrant est payé par le budget, donc tous les contribuables payent les bras qui sont attribués à quelques-uns. Cet argument paraîtrait avoir une certaine valeur à ceux qui ignorent comment est payée l'introduction de l'immigrant et comment est formé notre budget.

Disons d'abord à ceux qui ne s'arrêtent pas à la surface des choses, que, en admettant même que tous contribuent à cette dépense, tous en définitive en profitent. En effet, l'introduction de ces bras étrangers n'a-t-elle pas quadruplé nos revenus; les affaires des négociants, des marchands, des armateurs n'ont-elles pas suivies la même marche? Les loyers des propriétaires d'immeubles n'ont-ils pas augmenté en proportion du besoin des locaux plus nombreux nécessaires au logement des marchandises et à celui des hommes destinés à les faire circuler; parlerons-nous des professions libérales? les avocats, les médecins, les notaires ont vu leurs affaires largement s'accroître. Quant aux petits propriétaires et aux journaliers, nous avons vu les avantages énormes qu'ils retiraient de l'immigration, la hausse des salaires qu'elle avait amenée. Nous ajouterons que depuis l'introduction de ces bras, le chiffre de l'impôt payé par chacun, pour former le budget, loin d'avoir augmenté, a diminué, sauf pour les grands propriétaires. En tout phénomène économique, il y a, comme dit Bastiat, ce qu'on voit et ce que l'on ne voit pas, et souvent, ce qu'on n'aperçoit pas est bien plus important, seulement il faut chercher.

Maintenant est-il vrai que les immigrants ne soient livrés qu'aux grands propriétaires? Cette assertion est très exagérée. Evidemment ils en prennent plus, ayant plus de terres à cultiver; mais ils n'ont aucun privilège d'inscription ni de distribution. Du reste, qu'on lise les arrêtés qui fixent la répartition; que disent-ils? Dans chaque convoi, vingt-cinq individus seront mis à part pour être distribués un par un; le reste sera divisé en lots de dix

et cinq personnes qui seront tirés au sort. La petite propriété peut donc prendre part du moins aux lots les plus
faibles. Il est facile du reste de citer bien des petits propriétaires qui ont des immigrants. Bien plus, d'anciens
immigrants ayant fini leur temps se sont établis dans le
pays et ont engagé a leur tour un certain nombre de leurs
congénères et leur service. Enfin, tout le monde, sans
exception, est admis à s'inscrire sur la liste des demandes,
et par suite, a droit aux distributions.

Est-il vrai maintenant que ce soit le budget qui paye
l'immigration ? C'est encore une très forte exagération.

L'Indien coûte environ cinq cents francs de frais d'introduction. L'engagiste rembourse comptant lorsqu'il
reçoit un immigrant, à la caisse coloniale, la moitié de
cette somme, soit: deux cent cinquante francs ; donc si le
budget paye, il ne débourse que la moitié du coût de l'introduction.

Mais qu'est notre budget colonial ? Quand on prononce
ce mot : budget des recettes, on veut dire le produit des
taxes réparties aussi également que possible sur toute
la population ; or, il suffit de jeter un coup d'œil sur
notre budget pour se convaincre que la presque totalité
des charges tombe sur la grande propriété. Il y a un
proverbe qui, vrai ailleurs, est faux ici: « les petits ruisseaux font les grandes rivières. » A la Guadeloupe nous

n'avons pas de petits ruisseaux, mais bien des grandes rivières ; à peine puise-t-on à un maigre et exceptionnel filet d'eau.

Deux décimes, affectés spécialement à l'immigration, frappent les principaux produits du budget, qui sont les droits à l'exportation des sucres, cafés, cacaos, rocous, mélasses, taflas. Qui paie ces droits à la sortie ? N'est-ce point la grande propriété seule ?

Analysons du reste le budget des recettes. Il s'élève en totalité à environ quatre millions ; se décomposant. comme suit :

ART. 1. Droits sur les loyers des maisons. 255.000
Que ne paye pas le cultivateur.

ART. 2. Contribution mobilière. 18.000
Les loyers au-dessous de 250 francs, n'y étant pas soumis, ni les journaliers, ni les petits propriétaires ne le payent.

ART. 3. Contribution des patentes 150.000
Les marchands, négociants, industriels seuls y sont soumis, et ce chiffre est moins élevé qu'avant l'immigration !

ART. 4. Impôt particulier 11.000
C'est une taxe sur les médecins, avocats, notaires.

Art. 5. Impôt sur les poids et mesures . . .   10.000

Il n'est acquitté que par les marchands, négociants, industriels.

Art. 6. Frais de perception 90.000

Ce droit est un remboursement pour dépenses faites pour les communes.

Art. 7 et 8. Droits de sortie sur les denrées coloniales et taxe sur les alcools fabriqués avec les mélasses de sucrerie. 1.900.000

C'est évidemment à la grande propriété que ces dépenses incombent.

Art. 9. Droits de consommation. 600.000

Il faut diviser ce droit. L'impôt sur le tabac représente 260,000 sur ce chiffre, il a l'air de peser sur tous ; mais, comme il ne frappe que la denrée venant de l'extérieur, c'est en définitive un droit protecteur pour le tabac indigène qui n'est produit ici que par la petite propriété ; restent 340,000 francs environ, qui portent sur certains autres produits venant de l'étranger, et paraissant par conséquent prélevés sur tout le monde. C'est une erreur, sur ce chiffre de 340,000 plus de 70,000 sont payés par le propriétaire seul, pour droits sur les riz et pois-

sons salés qu'il fait venir pour ses immigrants.
Restent donc 270,000 qui sont prélevés sur la
farine de froment, le vin, les liqueurs, marchandises qui ne sont guère consommées que
par les propriétaires et la population Européenne. Celle du pays préfère les aliments du
pays qui notons-le ici sont exempts de tout
droit.

ART. 10. Droits de navigation et de port . . 130.000
Inutile d'expliquer la nature de cette recette.

ART. 11. Droits divers 20.000
Ce sont des recettes faites pour services rendus, et n'incombant qu'à ceux qu'elles intéressent.

ART. 12. Licences des marchands 6.000
ART. 13. Produits accessoires. 11.000
Ce sont des remboursements.

ART. 14. Droits d'hypothèque et de timbre. 500.000

Tout ce chiffre, ou presque tout, incombe à la
grande propriété et au commerce.

Ainsi : en 1878 les droits payés par les propriétaires seuls pour enregistrement des contrats de travailleurs ont dépassé 70,000 francs ;

5

le timbre, par eux payé à l'exportation de leurs produits, 40,000 francs.

Art. 15. Produit de l'imprimerie coloniale.   25.000
No paient que ceux qui y ont recours.

Art. 16. Recettes de la poste aux lettres . . .   70,000
Comme ci-dessus, payement d'un service rendu.

Art. 17. Recettes diverses.   56,000
C'est le produit de locations ou de rembourse-ments; ne frappe que quelques individus.

Art. 18. Recouvrement des frais de pour-suites payé par les récalcitrants   6,000

Art. 19. Remboursement par les communes des dépenses faites pour elles par la Colonie. .   262,000
C'est une simple recette d'ordre.

Art. 20. Produit du travail des détenus.   15,000
Le public n'a rien a y voir.

J'ai cité tous les articles composant notre budget, afin qu'on puisse se convaincre qu'ils atteignent à peine la petite propriété et le journalier. La propriété foncière rurale ne paye ici aucun impôt; le petit propriétaire n'a donc rien à donner au fisc, ni pour sa terre, ni pour les produits qu'il en retire, légumes, volailles, lait, bestiaux; vivres de toutes sortes... la denrée d'exportation *seule*, produite par le grand propriétaire, est lourdement frappée.

Ces produits, sucres, café, cacao, rocou, talla, ne peuvent sortir de la Colonie sans acquitter un droit, qui, cette année, s'élève à plus de 8 % du produit brut. C'est donc sur la grande propriété que porte la presque totalité de l'impôt; le négociant et marchand payent peu, les petits propriétaires et journaliers presque rien.

Une seule taxe frappe ici sur toute la population; c'est ce qu'on appelle l'octroi de mer, c'est un droit à l'entrée sur toutes les marchandises importées; il rapporte un million; mais ce million appartient aux communes C'est la seule taxe qu'on peut dire à peu près générale, et elle n'entre pour rien dans la formation du budget colonial; par conséquent, pas un centime n'en est extrait pour compte de l'immigration.

L'impôt, donc, à la Guadeloupe n'est nullement proportionnel et, s'il frappe si lourdement le grand propriétaire, sans que celui-ci se plaigne, c'est parce que cet impôt aide en partie la caisse de l'immigration. Si le budget cessait de contribuer à cette dépense, la grande propriété aurait le droit de réclamer, avec justice, un large dégrèvement, puisque toutes les charges pèseraient sur elle, sans compensation.

Une observation avant de terminer. Avant l'immigration le petit propriétaire payait deux impôts directs : un impôt foncier sur sa terre, un impôt personnel ; —

les denrées d'exportation ayant vu leur chiffre s'accroître fortement par les bras de l'immigration, les recettes provenant du droit à la sortie sur ces denrées ont augmenté et on a pu supprimer, vu cet excédant de revenus, provenant de cette source, et l'impôt foncier sur la petite propriété et l'impôt personnel sur tous. C'est donc à l'immigration qu'est due l'abolition de l'impôt sur le petit propriétaire et sur le journalier ; et l'on dit gravement que ce sont eux qui payent l'immigration ! Ils auraient, du reste, intérêt à contribuer aux frais qu'elle occasionne puisque leurs taxes ont diminué, les salaires augmenté en proportion de l'arrivée de ces bras étrangers.

Il semble inutile de conclure. Les faits exposés sont tellement clairs, indiscutables, précis, qu'ils doivent éclairer tout homme de bonne foi.

Octobre 1879.

9-3510   Paris. Typ. Morris père et fils, imprimeurs brevetés, 64, rue Amelot.